संविधान निर्माता

भारत रत्न डॉ. बी. आर. अंबेडकर (एक काव्यमय झलक)

डॉ. रंजना वर्मा

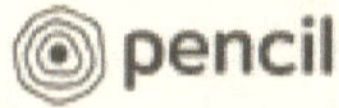

ISBN 978-93-5458-555-5

Published in India 2021 by Pencil

A brand of
One Point Six Technologies Pvt. Ltd.
123, Building J2, Shram Seva Premises,
Wadala Truck Terminal, Wadala (E)
Mumbai 400037, Maharashtra, INDIA
E connect@thepencilapp.com
W www.thepencilapp.com

Author biography

नाम -

डॉ. रंजना वर्मा

पति - स्मृतिशेष श्री राजेन्द्र प्रकाश वर्मा , लब्धप्रतिष्ठ हास्य व्यंगकार व पत्रकार।

जन्म -

15 जनवरी 1952, जौनपुर (उ0 प्र0) में।

शिक्षा-

एम. ए. (संस्कृत, प्राचीन इतिहास) पी0 एच0 डी0 (संस्कृत)

लेखन एवम् प्रकाशन -

वर्ष 1967 से देश की लब्ध प्रतिष्ठ पत्र पत्रिकाओं में, हिंदी की लगभग सभी विधाओं में। कुछ रचनाएँ उर्दू में भी प्रकाशित।

प्रकाशित कृतियाँ -

एक महाकाव्य, नौ खण्डकाव्य, चौदह ग़ज़ल संग्रह, चार गीतिका संग्रह, छै गीत संग्रह, एक कुण्डलिया संग्रह, तीन कहानी संग्रह, पाँच उपन्यास। बाल साहित्य तथा अन्य काव्य कृतियाँ ।

सम्पादन -

चार कविता संग्रह, एक गीत संग्रह, एक स्मृति ग्रन्थ, एक हास्य व्यंग्य कविताओं का संग्रह, दो हास्य व्यंग्य संग्रह।

प्रसारण -

गीत, वार्ता, तथा कहानियों का आकाशवाणी, फैज़ाबाद से समय समय पर प्रसारण।

सम्मान -

श्रीमती राजकिशोरी मिश्र सम्मान, श्रीमती सुभद्रा कुमारी चौहान स्मृति सम्मान, काव्यालंकार मानद उपाधि, छन्द-श्री सम्मान, कुंडलिनी गौरव सम्मान, ग़ज़ल-सम्राट

सम्मान, श्रेष्ठ रचनाकार सम्मान, मुक्तक-गौरव सम्मान, दोहा शिरोमणि सम्मान, सिंहावलोकनी मुक्तक-भूषण सम्मान, दोहा-मणि सम्मान।

सम्प्रति -

सेवा निवृत्त प्रधानाचार्या(रा0 बा0 इ0 कालेज जलालपुर, जिला अम्बेडकरनगर उ0 प्र0) से।

सम्पर्क सूत्र - ranjana.vermadr@gmail.com

CONTENTS

समर्पण

उसे
जो मेरे जीवन का
प्रकाश स्तम्भ था
और जिसे
आततायियों की
आँधी ने
असमय ही
बुझा दिया।
स्मृति शेष
जीवन सर्वस्व
'राजेन्द्र प्रकाश वर्मा'
को
सादर समर्पित।

\- डॉ. रंजना वर्मा

एक

एक
जन्म लेते हैं धरा पर
कितने ही प्राणी
मुखरित होती है यहां
कितनों की वाणी ?
समय की सरिता
बहा ले जाती है
उन सभी को
कोई याद नहीं रख पाता
किसी को
शून्य में
हो जाती है विलीन
कितनों की वाणी
किंतु
ऐसे भी हैं कुछ
संसार
जिन्हें समझता है तुच्छ
फिर भी वह
कर जाते हैं कुछ ऐसा
कोई नहीं कर पाया हो
जैसा।
वही होते हैं अमर

युगों युगों तक
याद रखता है उन्हें
उनका समाज और देश
चाहे जैसा हो
परिवेश
चाहे जैसी हों
परिस्थितियां
सबसे अलग
सबसे निराला
होता है
उनका रास्ता
नहीं रखते वे
व्यर्थ की
नीतियों रीतियों
या परंपराओं से
कोई वास्ता।
युग देवता
युग प्रणेता
बन जाते हैं वे
समय के पथ पर
छोड़ जाते हैं
पदचिन्ह
नमन करता है
उन्हें समाज
समय और हम।

दो

रत्नागिरी जिले के
एक छोटे से
गांव में
जन्मा था
एक बालक
महाराष्ट्र की धरती पर
पवित्र कर गया जो
सारे देश को।
उसका ही कुल
अपवित्र
कहा जाता था
उसकी महार जाति को
समाज में
नहीं मिलता था
सम्मान।
ऊंच-नीच के
भेदभाव ने
जाति पाँति की
दीवारों ने
बहुत प्रयत्न किया
परंतु
रोक नहीं सके

उसे बनने से
'महान'।

अपनी
वीरता के लिए
प्रसिद्ध थे
महार
नित्य ही
करते थे वे
शौर्य की पूंजी से
जीवन का
व्यापार।
साहस और निडरता
सेवा और ममता
यही तो था
उनका धन
निश्छल था
उनका मन
करते थे वे
समाज पर
विविध उपकार
फिर भी
समाज उन्हें
देता था
उनकी सेवा के
प्रतिफल स्वरूप
अस्पृश्यता का
उपहार
उपेक्षा

और तिरस्कार।

महाराष्ट्र की भूमि पर
महार अछूत थे।
इस कथा के नायक
भीम सकपाल
इसी जाति के
सपूत थे।
अपने कर्मों से
ऊंचा किया था
उन्होंने
अपनी जाति का
मस्तक
अपनी योग्यता से
पाया था
विश्व भर में
सम्मानजनक स्थान
आदर और सम्मान।
श्री मौला जी सकपाल जी का
परिवार संपन्न था।
अच्छी प्रतिष्ठा थी उनकी
अपने समाज
अपनी जाति में।
सेना में
सेवा करने का
अवसर पाकर
अन्य महारों के समान
वे भी नहीं चूके
यद्यपि

आन के प्रश्न पर वे
किसी के सामने
नहीं झुके।
कई संतानों में
जीवित रहीं
केवल दो संताने
पुत्र राम जी
और पुत्री मीरा।
रामजी सकपाल
जातिगत वीरता
और
संस्कारगत साहस से
बन गये थे
अंग्रेजी फौज में
सूबेदार मेजर
मिलिट्री स्कूल के
हेडमास्टर।
इसी से
मिला था पद
सूबेदार मेजर का
आदर बढ़ा दिया था
जिसने
उनके परिवार
घर का।
ऊंचा कद
सुंदर मुख
अच्छी कद काठी
शिक्षा में उनकी
निपुणता के विषय थे

गणित
अंग्रेजी और मराठी।
धार्मिक प्रवृत्ति थी
उनकी
ईश्वर पर
अटूट आस्था।
गाया करते थे
श्रद्धापूर्वक
तुकाराम व
मुक्तेश्वर के भजन
खेलते थे क्रिकेट
और फुटबॉल
रखते थे
अपने घर परिवार का
विशेष खयाल।
शिक्षित थे
शिक्षक थे
आदर करते थे
श्रम का
जागरूक थे
शिक्षा के प्रति
समाज के प्रति
सामाजिक
समस्याओं के प्रति।
उन्हें ज्ञान था
अपने कर्तव्य का
और सचेत भी थे
अधिकारों के प्रति।
अभिमान था उन्हें

अपनी जाति पर
अंग्रेजों का राज्य था
तब इस देश में
और वे
अपने ही हित के लिए
अपने ही
स्वार्थ की सिद्धि के लिए
नित्य ही बनाते थे
नये नये नियम
नये नये कानून।
संभवतः महारो की
वीरता की प्रसिद्धि से
होकर भयभीत
अंग्रेजी सरकार ने
निकाल दिया
आदेश
जिसके अनुसार
नहीं कर सकते थे
महार युवक
भारतीय सेना में
प्रवेश।
रामजी ने
खुल कर किया
इस अनुचित आदेश का
विरोध।
सेना के
सभी कर्मियों के
बच्चों को
दिया करती थी

सरकार
अनिवार्य शिक्षा का
अधिकार।
आदेश के अनुसार
अब नहीं मिलनी थी
महार बालकों को
शिक्षा की सुविधा।
रामजी के विरोध ने
किया
इस अनुचित नियम पर
कठोर प्रहार
कर नहीं पाया
कानून अपना वार।
नहीं रुकने दी उन्होंने
शिक्षा की धारा
मिलता रहा
महार बालकों को
विद्यालयों का
सहारा।

तीन

मुंबई के
थाना जिले के
प्रतिष्ठित
महार परिवार की
पुत्री थी भीमा बाई।
अकेली बहन
सात भाइयों की
और सातों ही
सूबेदार मेजर
कबीरपंथी।
धर्म परायण परिवार की
प्रतिच्छाया सी थी वह।
रामजी सकपाल की
पत्नी बन कर
जन्म दिया था
उन्होंने
एक नयी कथा को
एक नये युग को
क्रांति की
भूमिका को
अधिकारों की
रक्षा के लिए

मर मिटने की
आकांक्षा को।
पति पत्नी
दोनों का ही था
धर्म में अटूट विश्वास
समझते थे वे
सभी को
केवल 'मानव'।
धर्मगत और
जातिगत भेदभाव के
पोषकों को
समझते थे वे
निरा दानव।
चौदह संतानों को
जन्म दिया था
भीमाबाई ने
परंतु
जीवित
नहीं रह सकीं सब।
केवल तीन पुत्र
और दो पुत्रियां ही
रह पाए थे संसार में
शेष सभी
लीन हो गयी थीं
अनंत नभ के
अंतहीन पारावार में।
तेरह संतानों के
जन्म के बाद
जब नहीं चाहा था

भीमाबाई ने
मातृत्व निभाना
तभी घटी एक घटना
जिसने तोड़ दिया
उनका संकल्प
और वह घटना थी
उनके ग्राम में
एक संत का आगमन।
एक भाई
मौला जी सतपाल
बाल्यावस्था में ही
हो गए थे
घर संसार से
विरक्त
नहीं कर सका था उन्हें
माया का अनुपम संसार
स्वयं में आसक्त।
छोड़ दिया था उन्होंने
अपना गेह
तोड़ लिया था
समस्त स्वजनों से नेह
बन गये थे
सन्यासी
और तब वर्षों बाद
आयु के
अंतिम काल में
याद आई थी
उन्हें
अपनी मातृभूमि की

अपने ग्राम के
निवासियों की।

अचानक एक दिन
जैसे धरती फोड़ कर
निकल आया था
वह साधु।
पनघट के पास
पड़ा था
एक विशाल पत्थर
बैठा था वह
उसी पत्थर से
टिक कर।
आती रहीं पनघट पर
कितनी ही पनिहारिनें
देखता रहा वह उन्हें
खोज भरी आँखों से
निर्निमेष
पर रह गयीं
उसकी आँखें
प्यासी की प्यासी
चली गयीं
पनघट से
एक-एक कर सारी।
उस शून्यता में
भरने को
नव जीवन
दिखी दूर से आती

श्वेत वसना नारी ।
ऐसे थी बार-बार
स्वयं को समेट रही
जैसे थी अपने को
अपने से भेंट रही ।
घड़ा भरा
शीश धरा
चलने को
जब पलटी
पड़ गयी निगाह
अनायास
उस पत्थर पर
जिससे वह सन्यासी
बैठा था टिक कर ।
ठिठक गयी
निकट गयी
घड़ा रखा
किया प्रणाम ।
पूछा तब संत ने -
"भाई मौला जी की
पुत्री ही हो शायद ?"
बोल उठी नारी -
"हाँ स्वामी,
मैं मीरा हूँ ।"
बोले हँस संत -
"प्रभु में पगी रहो ।"
संत मौन हो गये
कह कर -
"सुखी रहो" ।

मीरा पर देख रही थी
उस सन्यासी को।
दाढ़ी मूछों केशों के
पीछे का चेहरा
जाने क्यों उसको
पहचाना सा लगता था
सोच रही थी मन में
बाबा जैसा मुख है
भला कौन है
जो यूं
गांव में पधारा है ?
सोचती हुई वह
धीरे-धीरे चली गयी
घर जाकर भाई से कहा -
"वहां पनघट पर
जाना पहचाना सा
साधु कोई आया है
लगता है
उसका मुख
बाबा के मुख जैसा।"
इतना सुनते ही
यों बोल उठे राम जी -
"मीरा बहना,
शायद वह
अपना चाचा है।
कहते थे बाबा
बचपन में
उनका भाई
गृहत्यागी बन कर

था बन बैठा
सन्यासी।
तब से
कब देख सके
उसको
इस ग्राम के निवासी ?
समझ लिया था
सबने
लौट कर न आयेगा
शायद हो साधु वही
जो हो,
जैसा भी हो
आराधक ईश्वर का
पूज्य है
हमारा है अतिथि
सम्मान योग्य।
चलो
हम सब मिल कर
उसको
घर ले आएँ
सेवा कर चरणों की
जीवन का फल पाएँ।"
आग्रह पर पति के
पत्नी भीमाबाई भी
साथ साथ चल पड़ी
पति और मीरा के।
पनघट पर पहुंचे तो
साधु उसी मुद्रा में
पद्मासन लगाये

बैठा था
उसी जगह
ठंडी थी हवा
किंतु
धूप भी खिली हुई
कूक रही थी कोयल
छिपी आम्र पत्रों में।
खगकुल का कलरव
आनंद था लुटा रहा
अधरों पर मंदहास
अर्द्धनिमीलित आंखें
ध्यान मग्न सन्यासी
देव सदृश
लगता था।
चरण जब छुए सबने
नेत्र खोल कर देखा
सबको
उसने अपनी
स्नेहभरी दृष्टि से।
चरणों में झुके झुके
राम और भीमा को
दे कर आशीष कहा -
"सत्य वचन कहता हूँ
जन्मेगा बहुत शीघ्र
तुमसे ऐसा बालक
कर जायेगा
जो इतिहास में
तुम्हें अमर।
रोक नहीं पायेगा
उसको

कोई भी तूफान
होगी उसे
अपने अस्तित्व की
सही पहचान।
बदल देगा
जाति भेद को
मिटा देगा
धरती से
दलितों की नीति को।
वसुधा पर रह कर
कर जायेगा
कुछ ऐसा काम
युग युग तक जानेगा
यह जगत
उसका नाम।"
हो गया मौन संत
नहीं फिर बोला।
बहुत कहा -
"घर चल कर
भोजन स्वीकार करें
अवसर दें
हम सब को भी
अपनी सेवा का।"
किंतु नहीं वह बोला
नेत्र भी नहीं खोले
लौट गए सब
निराश होकर
अपने घर को।
थोड़ा दिन चढ़ा

राम जी ने
मन में सोचा
भूखा होगा साधु
गांव का अतिथि है वह।
लेकर थोड़े से फल
कलसी में
भर कर जल
चल पड़ा उसी स्थल
किंतु कहाँ था साधु ?
कहीं न था सन्यासी।
दूर-दूर तक पसरा
सन्नाटा फैला था
बाँच गया जो
पल में
मस्तक की रेखा
उस दिन के बाद उसे
किसी ने नहीं देखा।
दिन और रात
रात और दिन
सप्ताह महीना और वर्ष
समय के देवता के
अनुचर हैं सब
चलता ही रहता है
उसका चक्र
बदलते ही रहते हैं
पल, प्रहर, दिन
और सप्ताह
कहने को थी
बहुत छोटी

वह घटना
परंतु वह साधु
खींच गया था लकीर
समय के देवता के
सीने पर
लगा गया था
कई कई प्रश्न चिन्ह
जिंदगी जीने पर।

चार

कुछ ही माह बाद
अनुभव किया
मीराबाई ने
साधु की
भविष्यवाणी की
सत्यता को।
आयु के
उत्तर काल में
किया उन्होंने
गर्भधारण
और जन्म दिया
एक प्यारे से
बालक को।
परिवार में
एक बार फिर
छा गया
हर्ष और उल्लास
बालक के जन्म से
जम गया
सन्यासी की
भविष्यवाणी पर
राम जी का विश्वास।

बड़े यत्न से
पालने लगे
दोनों पति-पत्नी
उस नन्हे शिशु को।
वह उनकी ही नहीं
उनके समाज की
आशा का
एकमात्र बिंदु था
नहीं जाना यह
तब किसी ने
क्योंकि
गोपन ही रखता है
स्वयं को
सदा भविष्य।
मनुष्य तो
उसे तभी जान पाता है
जब उसका
फल चखता है।
माँ ने बड़े प्यार से
नामकरण किया
बालक का।
पिता ने कहा -
"पुत्र भीमाबाई का
भीम ही हो सकता है।"
अंबावडेकर
ग्राम के निवासी
मौला जी सतपाल के पुत्र
भीमराव का नाम
अंकित हो गया

समय के पृष्ठ पर।

सेवानिवृत्त हो गये
उसके पिता
जब बालक भीम की
आयु थी
मात्र दो वर्ष
चले आए वे दापोली
वहीं व्यतीत हुआ
बचपन भीमराव का।
होने पर
पाँच वर्ष की आयु
भेजा गया उसे
विद्यालय।
दैव योग से ही
बालक की माता
भीमाबाई
झेल कर
कुछ ही दिनों की
अस्वस्थता
कर गई प्रयाण
गोलोक के लिये
छोड़ गयीं अपने पीछे
आनंद और भीम जैसे
सुपुत्र और
तुलसी तथा मंजुला
जैसी कन्याएं
भुला गयीं
सबका प्यार

सब की सेवाएं
दोनों बहनें थीं
यद्यपि विवाहिताएँ
फिर भी
देती रहीं सहयोग
निरंतर
गृहस्थी चलाने में
माता सदृश बुआ को।
शीघ्र ही मिल गया
सतारा में काम
रामजी सकपाल को
सपरिवार
वहीं चले गये वे
लेकर इष्टदेव का नाम।
मीराबाई को था
भीम से
कुछ अधिक ही लगाव
दोनों बालकों की
देखभाल का
उन्हें था बड़ा चाव।
विद्यालयी शिक्षा के
साथ-साथ
ग्रहण करता रहा
बालक भीम
परिवार से सुसंस्कार
परंपराएं
विश्वास
निष्ठा और आस्था।
पिता से सुनी थीं उसने

महाभारत और
रामायण की कथाएं
किंतु
नहीं किया विश्वास
उन पर
उनकी कथाओं पर
करते रहे वे तर्क
सदा अपने
परम पूज्य पिता से
परखते रहे वे
सदा अपने ही
विवेक से।
कुशाग्र बुद्धि बालक
सीखता रहा
बहुत कुछ
अपने ही अनुभवों से
पुस्तकीय ज्ञान के
अतिरिक्त
बढ़ता रहा
उसका शरीर
निखरता रहा
उसका व्यक्तित्व।
बुद्धि थी उसकी
अत्यंत प्रखर
इसीलिए
विद्यालयी शिक्षा के अतिरिक्त
अन्य क्षेत्रों में भी
प्राप्त की थी उसने
निपुणता

प्यास थी उसे
केवल ज्ञान की
उसी की कामना।
आधा अधूरा ज्ञान
तृप्त नहीं कर पाता था
उसे।

पाँच

प्राथमिक शिक्षा
पायी उसने
सतारा में
बांध रखा
अपने अंतर्मन को
शिक्षा की कारा में।
हाईस्कूल की
शिक्षा हेतु
देख उसे
लालायित
दिला दिया गया
प्रवेश।
जाने लगा वह
अग्रज आनंदराव के साथ।
बचपन की मासूमियत
नासमझी
और भोलेपन में
समझ नहीं पाया था
अब तक वह
'अछूत' शब्द के
सही अर्थ को।
महार अछूत हैं

यह जानते हुए भी
नहीं जान सका था वह
अछूत होने की
पीड़ा को।
एहसास नहीं था उसे
अछूत होने का
किंतु उच्च शिक्षा की चाह में
नये नये अनुभवों से
वह गुजरता रहा
तभी जान पाया था
अस्पृश्यता का दर्द।
जीवन को
जिया नहीं
भोगा जाता है
तब ही था जान सका
इस शाश्वत सत्य को।
एक दिन
ग्रीष्म ऋतु का सूर्य
तप रहा था
नीले आकाश में
धरती के तवे पर
भून रहा था सबको
भुट्टे के दाने सा
अति भीषण ताप से।
ऐसे में
मिलने को
अपने पिताजी से
भाई के साथ चला
साथ में भतीजा था।

उन दिनों पिता उसके
गोरेगांव में थे
खजांची के पद पर।
पहुंच कर पडोली
वे मनसारे जा पहुँचे
किंतु उन्हें लेने थे
पिताजी नहीं आए।
हुए वे निराश
रहे करते प्रतीक्षा
कितनी ही देर तक
पिता पर नहीं आए।
सुनी जो समस्या
उनकी
स्टेशन मास्टर ने
भाड़े पर
एक बैलगाड़ी
तय करवा दी।
सुंदर पोशाकों में
भले लग रहे थे वे
हाँक रहा था
बैलगाड़ी को
सवर्ण हिंदू
डरता था ईश्वर से
धर्म से
परंपरा से
और इन सबसे अधिक
धर्म के ठेकेदारों से।
राह में लगा करने बातें
वह उनसे बोला -

"कट जाएगी राह
बात-बात में।"
हुआ अति प्रसन्न
जान कर
उनको विद्यार्थी
सुंदर सुशील देख कर
बोला सम्मान से -
"जाति है तुम्हारी क्या ?"
पूछा जब उसने
भीम ने कहा -
"भाई ! हम तो महार हैं।"
सुनते ही
'महार' शब्द
वह चौंक सा उठा।
"क्या ?
महार हो तुम सब ?"
"हाँ, महार ही तो हैं।"
"साहस किस तरह किया
चढ़ने का गाड़ी में ?
उतरो बस अभी तुरंत।"
कह कर रोकी गाड़ी
"क्यों ?
ऐसा भी क्या जो ....?"
कुछ कहना चाहा था।
कह न सका भीम
उसे अग्रज ने
रोक दिया।
हाथ जोड़ कर बोला -
"भाई ! पैसे ले लो तुम

पहले से दुगने
किंतु हमें
छोड़ो मत
ऐसे बीच राह में।
अनजाना पथ है यह
गर्मी भी भीषण है
साथ में हमारे है
यह छोटा सा बालक।"
पर नहीं पसीजा वह
तीनों को ही
उतार दिया
बैलगाड़ी से।
बोला -
"हमको भी तो
रहना है
जीना है
इसी समाज में
करके यह मजदूरी
जाति से बहिष्कृत हों
यह तो स्वीकार्य नहीं।"
और वह चला गया।
भूखे प्यासे तीनों
पैदल चल कर
पहुँचे पिता के
निवास पर।

अर्धरात्रि के बीते
राह में पिपासित हो
रो पड़ा भतीजा तो

भीम ने
किसी घर का
द्वार खटखटाया
खोला किसी महिला ने
हाथ जोड़ कर बोला -
"माताजी !
पानी के लिये
यहाँ आया
साथ में है भतीजा
छोटा बच्चा
प्यासा
प्यासे हम दोनों भी
कृपा जरा कीजिए।"
पूछा उस महिला ने -
"हो तुम किस जाति के ?"
"हम महार हैं माँ जी।"
उत्तर में बोला वह।
डांट कर
भगा दिये गये
वे उस द्वार से।
राह में कहीं
आगे
एक कुएं के ऊपर
रखी थी
एक बाल्टी
भरी हुई
पास ही रखा लोटा
देख कर
न रोक सका भीम

तब स्वयं को।
लोटे में लेकर जल
पिलाया भतीजे को
और पुनः भर कर
वह पीने को
तत्पर था
तभी कहीं से आकर
उस जल के स्वामी ने
लाठी को उठा उन्हें
फेंक कर मारा
चोट लगी
छूट गया लोटा भी
हाथों से
किसी तरह
तीनों ने भाग कर
बचाया था उससे
स्वयं को।
टीस बन गयी थीं
ये दोनों ही घटनाएं
कांटा बन कर
चुभी थीं
उसके सीने में
समझा था
उसी दिवस
होता अछूत क्या।
ऐसे ही एक बार
केशों को कटवाने
औरों के ही समान
जा पहुंचा भीम स्वयं

नाई के द्वार ।
देखते ही उसे कहा -
"कौन तू ? महार ?"
और किया
केश काटने से
इनकार ।
नैनो में अश्रु भरे
घर आया
बुआ ने
बहनों ने
कितना तो
समझाया
बाल बहन ने काटे
फिर दिए सँवार
बिंधा एक तीर
फिर
सीने के आर पार ।
कितनी ही बातें
कितनी ही घटनाएं
जो दहला देती है
मानव का मन ।
नन्हीं सी चिनगारी
कहीं
जब दहकती है
कर देती भस्मसात
है पूरा वन ।

छै

ऐसे ही एक बार
वर्षा की रिमझिम थी
रुकी हुई
छायी थी बदली
भीम जा रहा था
स्कूल
तब अकेला ही।
बीच राह में ही था
वह जब
गरज उठे बादल
रिमझिम बरसा
पहले पानी
बन कर फुहार
और फिर
अचानक ही
होने लगी
तेज वर्षा
भीग रहा था
बालक
देख कर
विशाल गेह
खड़ा हो गया

जाकर
सट कर दीवार से ।
पाँव भीगते थे पर
पुस्तकें बची रहें
बस यही प्रयास था ।
देख रही थी उसको
किंतु गृह स्वामिनी
जानती थी उसको
यह पुत्र है
महार का ।
क्रोधित होकर
घर के पीछे से
धकेल कर
गिरा दिया
और उसे
कितने ही कहे
अपशब्द भी ।
गिरने से कीचड़ में
वस्त्र और पुस्तकें
मिट्टी से लथपथ थीं
नीले नभ सी आँखें
बरस रही थीं
झर झर
यह भी क्या जीवन है ?
कहां तक बताएं
जो बीता
इतने पर भी
बन कर अजेय
भीम रहा जीता ।

दूसरा समय था वह
और
उस समय में
यह सब तो जैसे थी
बातें रोजमर्रा की।
केवल घर ही नहीं
समाज
गांव ही नहीं
सभी जगह
सभी तरफ
होता था यही कुछ।
आदत सी थी
सबको
यह सब कुछ
सहने की
पीकर अपमान गरल
फिर भी
चुप रहने की।
छोड़ दिया था उसने
तब से आश्रय लेना
छत या दीवार का
कैसी भी वर्षा में।
भीग भले ही जाता
किंतु चला जाता था
गीले कपड़ों में ही
चिपका कर
अपनी किताबों को
सीने से।
कक्षा में

बैठ नहीं सकता था
वह सब के साथ
कोने में भाई के साथ
वह अकेला ही बैठ कर
पढ़ा करता
साथ-साथ पीता था
घूँट अपमान के।
लगती थी प्यास कभी
कक्षा में रखी हुई
पानी की गगरी को
कैसे छू सकता था ?
इसीलिए सहपाठी
कोई सवर्ण
स्वयं पानी ले लोटे में
ऊपर से
धार बना कर
स्वयं पिलाता था
भीग जाता था कुर्ता
पानी व आँसू से।

शिक्षक थे एक वहाँ
मिस्टर अंबेडकर।
जाति के थे विप्र पर
अंतस्थल था उदार।
समझा करते
सारे मानव समान है
बड़ी कृपा थी उनकी
छात्र भीमराव पर।
था कुशाग्र बुद्धि

बड़ा मेधावी
और गंभीर।
देते थे प्रतिदिन
मध्यावकाश में
भोजन
प्यारा था उन्हें भीम
पुत्र के समान ही।
भीमराव अंबावडेकर को
थोड़ा परिवर्तित कर
अपना ही नाम देकर
कर दिया अनुग्रहीत
मानो उस बालक को
और यों अंबावडेकर
बन गया अंबेडकर।
कक्षा में एक दिन
भीम को बुला कर
गुरुजी ने प्रश्न दिया
और कहा -
"इसको जाकर
हल कर डालो तुम
श्यामपट पर।"
जैसे ही सुना
यह आदेश
उस कक्षा के सभी छात्र
दौड़ पड़े
श्यामपट की तरफ।
रखी हुई थीं
उनके भोजन की पोटलियाँ
पीछे श्यामपट्ट के।

श्यामपट्ट छूने से
उस महार बालक के
या फिर परछाई भी
पड़ने से उसकी
हो जाता वह भोजन
अपवित्र
अस्पृश्य
इसीलिए
उठा ले गए वे सब
अपनी पोटलियों को
और भीमराव
ठगा सा
देखता रहा उन्हें।
समझ नहीं पाया वह
उसमें हे क्या विशेष
ऐसा
जो उसे
भिन्न करता है
औरों से।
शक्ल और सूरत में
बुद्धि और
कौशल में भी
बढ़ कर है औरों से
फिर भी वह है अछूत।
होता है क्यों अछूत
मानव से मानव ?
रचा है उसे भी तो
उसी परमेश्वर ने
वैसे ही अस्थि मांस

रक्त वही
लाल-लाल
फिर भी है क्यों अछूत ?
जलता है यह सवाल।
किसने यह भेदभाव
जाति पाँति का
अंतर बना दिया है
भूतल पर ?
कहते हैं लोग यहां -
छूकर अछूत को
धर्म नष्ट होता है
जाति भ्रष्ट होती है।
जाति और धर्म
क्या कमजोर इतने हैं
छूते ही जो पल भर में
नष्ट भ्रष्ट हो जाएं
किंतु गुरु जी ने तो
नाम दिया है अपना
प्रतिदिन खिलाया है
अपना ही भोजन
उनकी भी जाति क्या
नष्ट हो गई होगी ?
जाति धर्म कुछ भी तो
नहीं मिट सका उन का
फिर भी
हम हैं अछूत ?
कितने ही प्रश्नों को
पूछता पिताजी से
जो उसका कोमल

अंतरमन
तड़पाते थे
भोले मन की
सब सुख शांति
जला जाते थे।
हँस कर कह उठे जनक -
"ऐसी चिंताओं को
आश्रय मत दो, छोड़ो।
अपना मन
एकमात्र
शिक्षा से जोड़ो।
कहते हैं धर्म- ग्रंथ
भूमि सब नारायण की
हम सब भी
उसके हैं
उसकी ही कृतियां।"
गांठ बांध ली उसने
ये ही कुछ बातें।
जुट गया पढ़ाई में
मन को एकाग्र कर।

सात

उन्हीं दिनों
एक नयी घटना
हुई कुछ ऐसी
जिसने
झकझोर दिया
फिर से
उसके मन को।
देवता समझता था
अपने पिता को
वह प्यार
बहुत करता था
वही पिता
'वर' बन कर
घर में ले आए थे
उसकी 'विमाता'।
यह घटना
घोर घृणा का
नन्हा एक बीज
अंतर में
उसके दबा गयी
फांस सी चुभी
मन में

निकल नहीं पायी।
मन के सिंहासन से
जननी की मूर्ति
हटा दे
इससे बढ़ कर
क्या है
कुछ दुखदायी ?
सोचता विमन होकर
बोझ न बन जाऊं मैं
होगा बनना मुझको
स्वावलंबी
करना होगा
इतना अर्थोपार्जन
जिससे पूर्ण कर सकूँ
स्वयं अपनी
यह शिक्षा
जीवन की यह कैसी
कठिन परीक्षा ?
सुना किसी से उसने
बिछड़े सहपाठी ने
कर ली सातारा की
मिल में है नौकरी।
सोच लिया
जाना ही होगा
अब मुंबई
और तब किराए की
आ गयी समस्या
पास में नहीं पैसा
कैसे होगा ऐसा ?

सोचा तो बहुत
किंतु
रास्ता नहीं कोई
दिया जब दिखायी
चुपके से बुआ का
बटुआ चुराने की
योजना बनायी।
रखती वह बटुआ थी
आंचल में बाँध कर
सोचा करता था वह
वैसे है काम बुरा
किंतु मुंबई जाकर
मिलते ही नौकरी
इन से भी ज्यादा
पैसे उनको भेजेगा और
क्षमा मांगेगा
अपने अपराध की।
थक कर मीराबाई
रात गये जब सोयी
खोल लिया
आंचल से बटुआ
तब भीम ने
लेकिन उसके अंदर थे
केवल दो पैसे
इतने से
कैसे जा पायेगा मुंबई ?
चुपके से फिर वापस
उसने उस बटुए को
बांध दिया आंचल में

कितना तो पछताया
पतन हो गया मन का
तब ही तो चोरी के लिए
आज उकसाया।
देखा था उसे नहीं
किसी ने चोरी करते
अपनी ही नजरों में
किंतु वह दोषी था
धिक्कारा बार-बार
उसने स्वयं को।
त्याग दिया वह विचार
जाने का मुंबई
मन को समेट लिया
चारों ही ओर से
होकर एकाग्र
ध्यान लग गया
पढ़ाई में
होता है परिवर्तन
शायद इसी प्रकार।

देख कर
भीम की वह
अद्भुत लगन
निष्ठा
और पुस्तक प्रेम
प्रभावित हो गये
शिक्षक सब
करने लगे सब
उसकी प्रशंसा

और कहा
उसके पिता से
सभी ने यह -
पुत्र है मेधावी
बड़ा ही कुशाग्र बुद्धि।
शिक्षा दिलवाने में
करना मत कंजूसी
यही तो तुम्हारा
धन मान सब
बढ़ाएगा
देखना भविष्य में
कुछ ऐसा कर जाएगा
युगों तक जिसे
अपना इतिहास
याद रखेगा
दोहराएगा।
उस होनहार बिरवे के
पत्ते तो
बचपन से ही थे चिकने
पुस्तक की प्यास
मिलाती थी उससे
लाकर साथी कितने।
अपने उस होनहार
उदार पुत्र के लिए
करने में
पुस्तकों की आपूर्ति
कई बार बेचने पड़े
पिता को
पत्नी के आभूषण

गिरवी रखना पड़ा
अपना घर
फिर भी डिगे नहीं वे।
मस्तक पर चिंता की
रेखा तक
नहीं आने दी
उन्होंने।
कुछ ही समय के बाद
भीमराव ने
प्रवेश ले लिया
मुंबई के प्रसिद्ध
एलफिंस्टन कॉलेज में।
उन दिनों
ठीक नहीं चल रही थी
आर्थिक स्थिति
उनके पिता की।
पुत्र की
शिक्षा के लिए ही
ले लिया था उन्होंने
एक कमरा
निर्धनों की बस्ती में।
कमरा था इतना छोटा
कि दो व्यक्तियों की
समाई भी
नहीं थी उसमें
फिर वहाँ तो रहना था
पूरे परिवार को
अपनी बकरी सहित
पर धन्य है वह पिता

और साधुवाद है
उसके प्यार को
उस स्थिति में भी
आख़िर
निकाल ही लिया
पुत्र के
निर्विघ्न अध्ययन के लिए
उन्होंने रास्ता।
रात घिरते ही वे
सुला दिया करते थे उसको
स्वयं जाग कर
रात के दो बजे
जगा देते थे उसे
और स्वयं
सो जाया करते
बांधकर बकरी को
एक कोने में।
फिर
उस वांछित एकांत में
शांत वातावरण
निस्तब्ध निशा में
नन्हीं सी ढिबरी के
पीले प्रकाश में
रहते थे वे
तब तक पढ़ते
जब तक जाग कर
कोलाहल न करने लगते
बस्ती के निवासी।
जब तक
दूभर न हो जाता

उनका पढ़ना।
जड़ तक
पहुंचना चाहते थे वे
अछूतों के प्रति
होने वाले आचरण
और व्यवहार के
इसीलिए चाहते थे
पढ़ना
मनुस्मृति
पुराण जैसे
मानव व्यवहार के
नियामक ग्रंथों को
किंतु नहीं मिली
उन्हें अनुमति
संस्कृत भाषा
पढ़ने की
सह्य नहीं था
सवर्णो को
देव भाषा संस्कृत
पढ़ना
किसी अछूत के द्वारा।
उद्भट विद्वानों ने
स्वीकार किया है
वेदों का महत्व।
पठनीय बताया है उसे
समस्त
हिंदू जाति के लिए।
अस्पृश्य
कहे जाने वाले

लोगों को
क्या हिंदू भी
नहीं माना जाता ?
क्यों नहीं पढ़ सकते
वे देव भाषा ?
क्यों नहीं
अधिकार है उन्हें
वेदों को पढ़ने का ?
क्यों नहीं रखता
समाज
उनसे
उन्नति की आशा ?
ऐसे ही
अनेकों प्रश्न
उठते रहते थे
भीम के हृदय में
करता ही नहीं था
कोई
उनका समाधान।

आठ

सन उन्नीस सौ सात में
पास किया उन्होंने
मैट्रिकुलेशन का
इम्तिहान
अच्छे अंकों से।
नहीं थी
यह ऐसी घटना
भुला दिया जाता
जिसे सहज ही
या कर दी जाती
उपेक्षा।
मैट्रिक की परीक्षा में
प्राप्त करना
सात सौ पचास में से
दो सौ बयासी अंक
एक महार
बालक के द्वारा
वंचित रखा जाता है
जिसे
जीवन की
सुविधाओं से
बांध रखा गया है

जिसे कठिन
औपचारिकताओं से
नहीं था
किसी आश्चर्य से कम।
गर्वित थी इस घटना से
महार जाति।
उन्हीं में से एक ने
उठा दिया था
उनका मस्तक
गर्व और अभिमान से।
सिद्ध कर दिया था
उसने
शिक्षा नहीं है
बपौती
किसी वर्ग या
जाति विशेष की।
कृतज्ञता ज्ञापन स्वरूप
बढ़ाने को
उस मेधावी का उत्साह
आयोजन किया
उन्होंने
एक विशाल समारोह का
सम्मिलित हुए थे
उसमें
अधिकांश पुरुष
युवक
बालक और स्त्रियां
सम्मिलित हुए
इसमें

प्रसिद्ध मराठी लेखक
श्रीकृष्णजी अर्जुन
भूरि भूरि प्रशंसा की
उन्होंने भीम की
सराहा
उसके प्रयास को
प्रोत्साहित किया
उसकी अध्ययन की
प्यास को।
श्री एस. के. भोले ने
की थी उस समारोह की
अध्यक्षता।
उपहार दिया था
भीम को
'लाइफ ऑफ गौतम बुद्ध'
नामक पुस्तक का।
प्रेरित किया था उसे
उच्च शिक्षा के लिये।
अविस्मरणीय बन गया
वह दिन
वह समारोह
भीम के लिए।
मिट गया अवसाद
बीते दिनों के
कष्टों का
उतर गई थकान
किए गए परिश्रम की।
बहुत दुरूह था
भविष्य का पथ।
कैसे चल पाएंगे वे

भविष्य की
उस कठिन डगर पर
वे नहीं जानते थे
जानते थे
तो केवल इतना
कि विषमताओं में भी
कभी नहीं रुकता
सूर्य का रथ।
चलना था
उन्हें भी निरंतर
पूरी करनी थी
अपनी यात्रा
करना था
अथक परिश्रम
तृप्त करनी थी
अपनी
ज्ञान की पिपासा।
गर्व था उन पर
उनके पिता को
भाई को
मित्रों को
परिचितों को
और संपूर्ण
महार जाति को।
अक्षुण्ण रखना था उन्हें
वह गौरव
गिरने नहीं देना था
यश की
उस पताका को।

यही था उनका आदर्श
उनका लक्ष्य
उनका प्रारब्ध।

परिस्थितियों ने
फिर करवट ली
सामान्य परिवार की
कन्या थी रामी
जिसे अपनाया था
भीम ने
पत्नी के रूप में।
ससुराल में
नामकरण किया गया
उसका
रमाबाई।
वही जीवन के
कठिनतम मार्ग पर
साथ रही थी उनके
बन कर सहयात्री।
उन्हीं दिनों
उत्तीर्ण की थी
उन्होंने
इंटर की परीक्षा
प्रारंभ कर दी थी
बी ए की पढ़ाई
लेकिन बार-बार
त्रस्त कर देती थी उन्हें
आर्थिक समस्या
कैसे होगा

इसका समाधान ?
छिपी नहीं थी
उनसे पिता की
जर्जर आर्थिक स्थिति
फिर भी
उनका अटूट स्नेह
और प्रोत्साहन
टूटने नहीं देता था
उनका साहस
किंतु अवहेलना भी तो
नहीं की जा सकती थी
धनाभाव की।
सच ही कहा है
किसी ने
जिनके हृदय में
होती है
आगे बढ़ने की चाह
मिल ही जाती है
उन्हें
कोई न कोई राह।
कुछ ही दिनों पूर्व
बड़ौदा नरेश ने
मुंबई के टॉउन हॉल में
की थी
यह घोषणा - यदि
किसी अछूत बालक में
होगी शिक्षा प्राप्ति की
एषणा
और होगा वह

प्रतिभावान
दी जाएगी उसे
आर्थिक सहायता
उनकी ओर से।
प्रयास किया
भीम ने भी
महाराजा बड़ौदा ने
पाया उन्हें
विशेष प्रतिभाशाली
अपने परीक्षण में
और स्वीकृत कर दी
तत्काल ही
पच्चीस रुपये की
छात्रवृत्ति।
चल पड़े वे
शिक्षा की राह पर।
प्रवेश ले लिया उन्होंने
एलफिंस्टन कॉलेज में
परंतु प्रतिभा
और कुशाग्र बुद्धि भी
नहीं दिला सकी
उन्हें
जातीय अपमान से
मुक्ति।
अवहेलना
उपेक्षा और तिरस्कार
बना हुआ था
उनकी और
उनकी जाति की

नियति ।
कालेज के
मेधावी छात्र
होने पर भी
एक प्याला चाय तक
नहीं पी सकते थे वे
अपने होटल में ।
होटल वाले के द्वारा
किया जाने वाला
यह अपमान भी
पी गए वे
अमृत समझ कर ।
जुटे रहे अध्ययन में
उत्तीर्ण कर ली
बी.ए. की परीक्षा
तभी हुआ था
क्रांति का श्री गणेश ।

छात्रों के हृदय में
पनपने वाली
अंग्रेजों के प्रति
घोर घृणा की भावना
लेने लगी थी
प्रतिशोध का रूप
भड़कने लगी थी
क्रांति की ज्वाला ।
अछूते नहीं थे भीमराव
उसकी तपन से
आत्मसात कर रहे थे

वे उस अग्नि को
समझ रहे थे वे
समय के परिवर्तन को।
आर्थिक अवरोध
और समय की मांग ने
विवश कर दिया
उन्हें
अर्थ - उपार्जन के लिए।
रोक दी उन्होंने
अपनी पढ़ाई
कर ली
महाराजा बड़ौदा के
राज्य में नौकरी
बना दिए गए वे
लेफ्टिनेंट।
बीता भीम का
एक पखवारा
सूचना मिली उन्हें
पिता की
गंभीर अस्वस्थता की।
चल पड़े वे
घर की ओर
वर्ष उन्नीस सौ तेरह का
फरवरी माह था वह।
उन्होंने
पिता को देखा
पड़ा हुआ
मृत्यु - शैया पर।
प्यासी आंखों में

तलाश थी
कुल को
उजागर करने वाले
अपने ही अंश
प्राणों से भी प्रिय
पुत्र की।
देखते हुए
पुत्र का सौम्य मुख
सो गए वे
चिर निद्रा में
फिर कभी
न जागने के लिए।
अवसान था वह
एक पीढ़ी का
एक विश्वास का
एक आश्रय का।

नौ

नितांत
एकाकी
हो गये थे भीम
निपट अंधेरे में
सूझती ही नहीं थी जैसे
जीने की राह
लेकिन समय तो
कभी नहीं टिकता
नहीं रुकता
चलता रहता वह
निरंतर
अपनी अबाध गति से
सिखाता रहा
भीम को
जीवन की गति
देता रहा
संघर्षों में
स्थिर रह कर
आत्म बल के सहारे
लड़ने की शक्ति।
इस सामयिक
दिग्भ्रम से

मुक्त हुए वह
तोड़ कर
निराशा की कारा
उग आया
शक्ति पुत्र बन कर
भोर का तारा।
लौट गये वे पुनः
बड़ौदा नरेश के
आश्रय में।
एक बार महाराज ने
उच्च शिक्षा
प्राप्ति के लिए
भेजना चाहा
अमेरिका
तीन मेधावी छात्रों को।
प्रस्तुत हुए भीमराव
उनकी सेवा में
सुनाई उन्हें
अपनी संघर्ष कथा
निवेदन किया
स्वयं को
भेजने के लिए।
माह जुलाई में उन्होंने
प्रस्थान किया
अमेरिका के लिये
अनुबंध किया था
उन्होंने
बड़ौदा नरेश के साथ
निर्धारित विषयों में

प्राप्त करके उच्च शिक्षा
भारत सरकार में
दस वर्षों तक
सेवा करने का
महाराज की।
चले गये वे
अपने देश के
संकीर्ण विचारों वाले
समाज से बाहर।
तरस रही थी
उनकी आत्मा
जिस स्वतंत्रता की
पाने के लिए
एक हल्की सी झलक
वही
सुलभ हो गयी थी
उन्हें
फैला था
उनके सम्मुख
विस्तृत आकाश
उड़ने के लिए
आतुर मन मयूर को
मिल गया था
अनंत विस्तार।
अमेरिका में
साथी थे उनके
केवल भारतीय
उनके अपने
देश के निवासी।

नहीं था उनमें कोई
ब्राह्मण, क्षत्रिय, वैश्य, शूद्र
या पासी।
वहां वे केवल
भारतीय थे
महार नहीं
प्रधान था वहाँ
केवल व्यक्ति
जाति नहीं।
वहां उनके साथ
भोजन करके
या पीकर
उनका छुआ पानी
नहीं होता था
किसी को कष्ट
क्यों कि
ऐसा करके भी
नहीं होता था कोई
अपनी जाति से भ्रष्ट।
वहीं जाकर
समझ पाये थे वे
व्यक्ति के अस्तित्व को
उसकी महानता को।
समझा था उन्होंने
नहीं बनती
जन्म से कोई जाति
कर्म ही प्रधान है
इस संसार में
उसी से

निर्धारित होती है
जाति की सीमा।
यह अब स्पष्ट हो चुका था
भली-भांति
प्रस्तुत किया था
उन्होंने
एक शोध प्रबंध
जिसने उन्हें
ख्याति दिलाई थी
अपनी
अध्ययनशीलता
तथा शोधप्रिय
प्रवृत्ति के कारण
चुना था उन्होंने
'नेशनल डिविजन आफ़ इंडिया :
ए हिस्टॉरिकल
एंड एनालिटिकल स्टडी' को
शोध का विषय
हुआ जो
विशेष रूप से चर्चित।
इसी के लिए उन्हें
कोलंबिया विश्वविद्यालय ने
किया सम्मानित
यद्यपि
यह विशेष महत्वपूर्ण था
उस समय का
हमारे देश और
स्वतंत्रता की दृष्टि से
किंतु अंबेडकर ने

प्रतिभाग नहीं किया
राजनीतिक क्रांति में।
नहीं की
किसी प्रकार की
सहभागिता
देश तथा विदेश में
घटने वाली
राजनीतिक घटनाओं में।
वहां वे
मात्र विद्यार्थी ही थे
जिसका होता है
एक मात्र लक्ष्य
अधिकाधिक
ज्ञानार्जन।
नहीं तोड़ना चाहते थे वे
वह अनुबंध
जो किया गया था
बड़ौदा नरेश के साथ।
निभाना था उन्हें
अपना वादा
इसीलिए
अध्ययन काल में
नहीं था उनका
राजनीति में
प्रवेश का इरादा
और
वर्ष उन्नीस सौ सोलह में
चले गये लंदन
करने के लिये

अर्थशास्त्र का अध्ययन।
पाकर बड़ौदा नरेश के
दीवान का संदेश
लौट आना पड़ा उन्हें
अपने देश
छोड़ कर अपना
शोध-ग्रंथ अधूरा
यद्यपि प्रबल इच्छा थी
उनकी
उसे करने की पूरा।
समाप्त हो गई थी
उनके
विदेश अध्ययन की
अवधि
इसीलिए लौटना पड़ा
उन्हें।
अपने साथ में वे नहीं लाए
मात्र पुस्तकों का ढेर
वरन साथ लाये थे
भर कर अपने
मनो मस्तिष्क में
अपने अधिकारों के प्रति
जागरूक रहने की कामना
और नवचेतनामय
विचारों का ढेर
जिस में छिपी हुई थी
जीवन के प्रति
एक नई दृष्टि।
आए वे देश अपने

आँखों में थे
अनेक सपने
समता का सुख भोग कर
लौटे थे वे
फिर से तपने।
भविष्य के
दस वर्ष देने थे उन्हें
बड़ौदा नरेश की सेवा में
यही तो था अनुबंध।
विदेश में अपने ज्ञान की
बुद्धिमत्ता
और नाम की
धूम मचा देने वाले
भीम का
नहीं किया
किसी ने स्वागत
कोई नहीं आया
उन्हें लेने स्टेशन पर
किसी के नहीं थे
वे अभ्यागत।
यद्यपि
ऐसा नहीं था आदेश
बड़ौदा नरेश का।
विवश होकर
बितानी पड़ी वह रात
एक पारसी सराय में
छुपा कर
अपनी जाति
क्योंकि नहीं था

किसी होटल
या हॉस्टल का
इतना बड़ा दिल
जिस में
प्रवेश कर सकता
महार जाति का
वह डॉक्टर
भीमराव अंबेडकर।
बड़ौदा नरेश से
मिला उन्हें पद
मिलिट्री सचिव का
किंतु बाधाएं तो
अभी भी थीं।
जातिगत भेदभाव की
नीति
मिटी नहीं थी
देश से।
पता लगा जब जाति का
तो आ धमके सराय में
लट्ठधारी अनेक
कर दिया उन्हें
कुछ ही क्षणों में
सामान सहित
बाहर वहाँ से।
नहीं मिला जब
और कहीं पर ठौर
तो जा बैठे
बड़ौदा के
महाराज सयाजी राव के
बाग में

बहाते हुए आँसू
झर झर
अपनी आँखों से।
लिया सहारा
वटवृक्ष का
बैठ गये उसके नीचे
और करने लगे
चिंतन मनन -
"नाश कैसे करूं मैं
इस क्रूर
जाति - व्यवस्था का ?"
तब लिया संकल्प
उन्होंने
जड़ मूल से
इसे मिटाने का
पड़ा था बीज
वहीं पर
भारत के इस
समतावादी
बंधुत्व
स्वतंत्रता और
न्यायवादी संविधान का।
बहुत बड़ा उपकार है
यह
इस देश पर
अंबेडकर का।

दस

विदेशों में
सम्मान पाने वाला
सह रहा था
छोटे अपमान
जीवन के
हर मोर्चे पर।
बैरिस्टर की
कुर्सी पर थी
बैठने की योग्यता
प्रतिभा उसमें
किंतु वहाँ भी
बरकरार थी
छुआछूत की
जघन्य - प्रथा।
लाता था फाइल
अनपढ़
गंवार
जाहिल
ब्राह्मण चपरासी
चिमटी से पकड़ कर
लाता

और फेंकता था उन्हें
बैरिस्टर की
टेबल पर।
देख कर
इतनी घृणा
एक मानव द्वारा
मानव से
हो जातीं आँखें
लाल
क्रोध की ज्वाला से।
हटा दिये जाते थे वे
मखमली कालीन
जब डॉक्टर बैरिस्टर
आते थे
और
नहीं पड़ने देते थे
उनके पाँव
कभी कालीन पर।
पढ़ लिख कर
डॉक्टर बन कर भी
थे तो वह महार - पुत्र ही।
नहीं मिला उन्हें
ठहरने के लिये
कोई घर
क्योंकि नहीं थी
समाज के पास
वह अंतर्दृष्टि
जो कर सकती
उनमें और

एक सामान्य महार में
अंतर
देख पाती
उनके गुणों को
अनुभव कर पाती
उनकी
अनिर्वचनीय पीड़ा को।
जो सुन पाती
उनका
दर्द में डूबा स्वर।
उनकी मेधा
उनकी योग्यता
कुशाग्रता
और परिश्रमशीलता
कोई भी तो
नहीं दिला सकी उन्हें
उनका
वांछित सम्मान।
उनकी
नियति बन चुके थे
उपेक्षा
और अपमान।
चले गये वे दुखी होकर
मुंबई
किंतु महाराज को
उन्हें
इस प्रकार छोड़ना
रास नहीं आया
उन्हें पुनः बुलवाया।

अंबेडकर बड़ौदा पहुँचे
किंतु फिर भी
नहीं हो सकी
व्यवस्था रहने की
कोई भी तैयार नहीं था
घर में रखने के लिए
एक अछूत को।
एक मित्र ने देना चाहा
उन्हें आश्रय
पेइंग गेस्ट के रूप में
उनकी पत्नी
नहीं मानी।
विवश होकर
पुनः चले गये मुंबई
तब अस्वस्थ थीं
उनकी सौतेली माता।
कुछ ही दिनों बाद
छोड़ गयीं वे
अपना नश्वर शरीर
विलीन हो गयी
उनकी काया
पंचतत्व में
धरती ने
कोई भेद नहीं किया
उन्हें आत्मसात करने में।

समय
बदलता रहा
धीरे-धीरे

हो रहा था परिवर्तन
निरंतर।
वर्ष उन्नीस सौ अठारह में
मद्रास में
किया गया आयोजन
दलित जाति कान्फ्रेंस का
बड़ौदा नरेश की
अध्यक्षता में।
स्वीकारा गया उसमें
अछूतपन को
जाति व्यवस्था का
एक धब्बा
एक कलंक
संपूर्ण मानव जाति का
माना गया इसे
एक छूत का रोग
प्रस्ताव पास हुआ
इसे हटाने का
परंतु नहीं था
यह पर्याप्त।
तभी संभव था
अंबेडकर के हृदय में
धधकती
अग्नि का शमन
जब वे साकार कर पाते
विदेश में
अनुभव की गयी
समानता
एकता

और बंधुत्व की
भावना को
अपने देश में।
प्राप्त करके
आर्थिक सहायता
कोल्हापुर के महाराज
शाहूजी से
निकाला उन्होंने
वर्ष उन्नीस सौ बीस में
प्रथम अंक
अपने पत्र
'मूक नायक' का।
सीधी चोट करते थे वे
ब्राह्मण समाज पर
अपने लेखों के
माध्यम से।
उसी वर्ष
अध्यक्ष बन गये थे वे
मनगांव की
अछूत कान्फ्रेंस के।
इसमें
और इसके बाद
आयोजित
सहभोज में
सम्मिलित हुए थे
स्वयं साहू जी महाराज।
उस कान्फ्रेंस में
उठाई थी मांग
डॉक्टर अंबेडकर ने

दलित वर्ग की ओर से
उनके अधिकारों की
समानता की
और सहभागिता की
सामाजिक आयोजनों में।
पूछा था उन्होंने -
"क्या अछूत
मानव नहीं होते ?
क्यों कर दिए गए हैं
वे इतने इतर
कि जीना हो गया है
कठिन
और मृत्यु है
उससे भी दूभर ?"
बड़े ही
कटु अनुभव
दिये थे उन्हें
जीवन ने।
विद्वता के बल पर
प्राप्त किए गये
अध्यापन कार्य में भी
घृणा
और तिरस्कार ही
पाया था
उन्होंने सहकर्मियों
तथा छात्रों से।

अधिकार नहीं था
उन्हें

अध्यापक कक्ष में
रखे जल को
स्पर्श भी करने का।
मुक्त नहीं था
शिक्षित वर्ग भी
अपने को कुसंस्कारों
कुरीतियों
रूढ़ियों
और दूषित परंपराओं से।
पायी थी अम्बेडकर ने
विदेश जा कर
पी एच डी
डी एस सी
बार एट लॉ जैसी
अनेक उपाधियाँ
फिर भी
दूर नहीं कर पाये
समाज से
भेदभाव की व्याधियां।
वर्जित था
उनके लिए
सवर्णो से
सम्मान पाना।

जून उन्नीस सौ तेईस वर्ष में
प्रारम्भ कर दिया था
व्यवसाय
वकालत का।
कठिनाइयों
तथा बाधाओं को

पार करते हुए
बढ़ चले
अपने पथ पर।
मुंबई विधानसभा में
उन्हीं दिनों
पारित किये गये
कई प्रस्ताव
अछूतों के संबंध में
उनके
अधिकारों के संबंध में।
माना गया उन्हें भी
दूसरों के समान
मनुष्य।
अधिकार मिला उन्हें भी
कुओं
तालाबों
धर्मशालाओं के
सार्वजनिक प्रयोग का
लेकिन
बना देने मात्र से
कानून या संविधान
पूरी नहीं हो जातीं
सबकी आशाएं।
प्रस्ताव पारित करके ही
नहीं दिलाया जा सकता था
दलितों को
जीने का अधिकार।
पढ़ने का अधिकार
एकता

और समानता का अधिकार।
इस ओर भी पहल की
अंबेडकर ने ही
बढ़ कर स्वयं ही
खोल दिया
पानी का टैंक
संदेश दिया सबको -
अधिकार
भीख में नहीं मिलता
लड़ना पड़ता है
अधिकारों के लिए
कर देना पड़ता है
सर्वस्व हवन
झेलना पड़ता है
समाज का विरोध
सहना पड़ता है
अपमान का ताप
तब कहीं होता है
अधिकार बोध
तब कहीं मिलता है
अधिकार।

ग्यारह

भुलाया नहीं जा सकेगा
सन उन्नीस सौ
सत्ताईस का वह दिन
तिथि थी
पच्चीस दिसंबर
जब जलाया था
उन्होंने
'मनुस्मृति' नामक ग्रंथ।
यही दिन था वह
महाड सत्याग्रह का
चँवदार तालाब के
पानी का
जिसे छूना भी
अपराध था
अछूतों के लिए
किंतु
छू सकते थे वह पानी
पी सकते थे उससे
कुत्ते और गधे भी
पानी
किंतु निषेध था
केवल अछूतों के लिये

सृष्टि की सर्वश्रेष्ठ
मानव जाति के लिये।
पिया था
इसी दिन पानी
जीत ली थी जंग अपनी
चँवदार तालाब की
महाड सत्याग्रह की
इस सत्य के पुजारी ने
हजारों कार्यकर्ताओं के साथ
गगनभेदी
गूंजते नारों के साथ
छीन कर ले लिया था
अधिकार
पानी छूने का।
उसी दिन
उन्होंने मांग की थी
नए हिंदू विधान की
संविधान के
नवनिर्माण की।

इसी प्रकार
करने के लिये
मंदिरों में प्रवेश
सबसे पहले आगे आये
स्वयं भीमराव थे।
कहा था उन्होंने -
उचित ही नहीं है यह
मंदिरों पर हो
केवल सवर्णों का

एकाधिकार।
माना जाता है कि
ईश्वर तो सबका है
वही जग का
निर्माता है
बनाया उसी ने है
हम सब को भी
मानव।
व्रत लिया था भीम ने
मंदिर में जाकर
दर्शन करने का
उनकी पूजा
उपासना का।
दलितों का वह जुलूस
बन गया
एक इतिहास
अग्रिम पंक्ति में थे
स्वयं भीमराव
घुसना था मंदिर में
द्वार खुला नहीं
धरना
सत्याग्रह
सब
व्यर्थ हुआ जाता था।
अद्भुत संकल्प था वह
अद्भुत संघर्ष था
किंतु मंदिर तो
खुल ही नहीं पाया
पूरे एक वर्ष तक।

मचाया ब्राह्मणों ने
उत्पात
चलायीं अपनी लाठियां
और कर दिया
लहूलुहान
उस महामानव
अंबेडकर को।
नासिक के
कालाराम मंदिर में
प्रवेश का उनका संकल्प
रह गया अधूरा ही।
दलितों को
प्रथम बार
उन्होंने सिखाया था
लड़ना
अपने अधिकारों के लिये
तोड़ना
रूढ़ियों को
तोड़ना
अंधविश्वासों को
करना
सत्य की पहचान।

सन सत्ताईस से प्रारंभ किया
प्रकाशन
'बहिष्कृत भारत' नामक
अखबार का
क्योंकि लगता था उन्हें
संघर्ष का वह

एक महत्वपूर्ण साधन।
मांग की थी उन्होंने
सरकार से
रक्षा की
दलितों के
अधिकारों की।
बना देने से
केवल नियम और कानून
नहीं होता
किसी जाति का कल्याण
इसके लिए है आवश्यक
नियमों का पालन
और कानून का सम्मान।
विरोध किया था
उन्होंने
बाल विवाह का
दहेज प्रथा का।
आवाज उठाई थी
नारी के अधिकारों की
और स्वयं नारी की
रक्षा की।
चाहते थे वे लाना
समाज में
समानता
एकता और
भ्रातृभाव।
समर्थक थे वे
अंतरजातीय विवाह के
लाना चाहते थे वे

हिंदू कोड बिल
इस देश में।
लड़ते रहे वे निरंतर
अन्याय के विरुद्ध
असमानता के खिलाफ़।

पंद्रह अगस्त
सन उन्नीस सौ सैंतालिस को
स्वतंत्रता मिली हमारे देश को
आजाद हो गए हम
हमारा देश।
ठीक एक माह बाद
पास हुआ
स्वाधीनता एक्ट
भारतवर्ष में
करते हुए निरंतर संघर्ष
पहुँचा वही अछूत भीमराव
भारत देश के
उच्च पद पर।
सरकार के
गठन के समय
बनाए गये
वही डॉ. आंबेडकर
प्रथम कानून मंत्री
स्वतंत्र देश के।
उसी समय
गठन किया गया था
संविधान समिति का।
उनतीस अगस्त के दिन
बनाये गये थे अध्यक्ष

डॉक्टर अंबेडकर
उस संविधान प्रारूप समिति के।
रचना की थी
उस समिति ने
आठ सूचियों और
पैंतीस धाराओं वाले
भारतीय संविधान की।
बन गये थे अंबेडकर
देश के आधुनिक मनु
संविधान निर्माता।
पुरानी उत्पीड़न की
परंपरा को
तोड़ कर
बनाये थे उन्होंने
नये नियम
नया संविधान।
दिया था दलितों को
समानता का अधिकार
चाही थी समाज से
उनके प्रति
एक नयी दृष्टि।
नहीं भूल सकेगा कोई
वह ऐतिहासिक दिन
चौदह अक्टूबर उन्नीस सौ छप्पन का
जब नागपुर की
नाग - भूमि पर
मार कर ठोकर
हिंदू धर्म को
किया बौद्ध धर्म स्वीकार।

पा ली मुक्ति उसने
उस नारकीय कारा से
जिसका झेला था दंश
जीवन भर उसने।
वह भी अकेले नहीं
पांच लाख
अनुयायियों को
लेकर अपने साथ
धन्य है वह मानव
जिसने सिखाया हमें
समानता का
अद्भुत पाठ।
जीना और जीने देना
करना
बंधुत्व भाव का प्रसार
मानवता का विस्तार
दी जिसने समाज को
जातियों में बंटे हुए
संपूर्ण देशवासियों को
और देश को
एक नयी अंतर्दृष्टि
सो गया वह महामानव
चिर निद्रा में
सदा के लिए
छै दिसंबर उन्नीस सौ छप्पन को।
करता रहेगा
यह देश
उस महामानव का
युगों युगों तक

अभिनंदन

उस युग दृष्टा को

हमारा

शत-शत नमन ।

::::::::$::::::::$::::::::समाप्त::::::::$:::::::::$::::::::::

www.ingramcontent.com/pod-product-compliance
Lightning Source LLC
LaVergne TN
LVHW050416160726
843469LV00041B/1106

* 9 7 8 9 3 5 4 5 8 5 5 5 5 *